セールスをしている方へ

自己成長と価値ある目標設定

~ＳＭＩトップセールスマン、梅基剛樹氏が語る！

著者　梅基　剛樹
工藤　直彦
編集　万代宝書房

万代宝書房

万人の知恵 CHANNEL

富は一生の宝、知恵は万代の宝

セールスをしている方へ

自己成長と価値ある目標設定

～ＳＭＩトップセールスマン、 梅基剛樹氏が語る！

まえがき

今回は、万代宝書房配信スタジオ「ツリスタ桜台」のこけら落としに、工藤氏との長年の友人である梅基剛樹氏に来ていただき、お話を聞かせていただきました（収録：二〇二〇年七月七日）。

メインゲストとして登場する梅基剛樹氏は、ＳＭＩトップセールスマンであり、（株）ダイナミックス パースンズ東京の常務取締役です。ＳＭＩは、成功とモティベーションを研究している会社で、創業60年、世界80カ国で採用されています。人間教育、人材開発の分野において、世界一歴史が長く、世界一の規模の組織になります。いろんな方がそのプログラムを使って成功する習慣を身につける為のプログラムを売っています。このプログラムを販売するセールスマンの数は、世界で３万人を超えます。この中で６度も一位になっている方です。

もう一人のメインゲストの工藤直彦氏は、論語、哲学、心理学などを学んでおり、音楽事務所アーティスティックコミュニティの代表（本人は、ミュージシャンでもある）です。ちなみに、「万代宝書房」の名付け親は、工藤直彦氏です。

形のないもの、目に見えないもの、お客様が知らないものを、それなりの価格のサービスをどうやって販売するのか？　そこにはどんな秘訣があるのか？　興味津々でした。

梅基氏は、何も知らないでお話をしていると、「世界一の人」とは思わせない人柄で、このプログラムで言っているとおりの生き方をすれば、それが相手に伝わって、ＳＭＩの良さが伝わる、自分自身が広告、宣伝マンであると言います。工藤氏に初対面で、「ここで買わないとこの人と縁紡げないのかな」と思わせた梅基氏。「人生の６分野精神・家庭・社会・教養・健康・経済、この６分野に亘って自分の叶えたいことを達成することです」が幸せだと話すお二人。

「人は幸せになるために生まれてきている」といわれています。しかし、我々は、「成功するための勉強」はしても、「幸せになるための勉強」は殆どしていません。

本書が、「幸せになるための勉強」の一助になれば、幸いです。

二〇二〇年十月吉日

万代宝書房 代表　釣部 人裕

もくじ

第一話　話を聞いてその場で契約⁉　25年来の友人で恩人と慕う
ＳＭＩトップセールスマン、梅基剛樹氏との出会いとは？

わずか1時間の説明で購入を決断した工藤氏。成功するためのモティベーションを研究し続けているSMIとは何なのか。なぜ、すぐに3つのプログラムをまとめて契約するに至ったのか？ 25年来の友人であり、恩師である、SMIのトップセールスマン、梅基氏との出会いから、その後の工藤氏自身の変化についてもお話ししています。

1、モティベーションを売る！？

釣部：皆さんこんばんは。『万人の知恵オンラインサロン』、今日の動画になります。今日はこのスタジオのこけら落としになりました。ゲストには梅基剛樹さん、そしていつもの工藤直彦さんに来ていただいております。よろしくお願いいたします。

工藤：はい。よろしくお願いします。

釣部：また、ギャラリーにたくさんの方に来ていただいております。どうもありがとうございます。梅基さん僕、初めてなので、工藤さんからまず自己紹介、そして梅基さんのご紹介をいただいて、そして梅基さんに自己紹介という流れでいきたいと思います。まず、工藤さん自己紹介お願いします。

工藤：いつもお世話になっております。工藤と申します。音楽事務所をしながら、哲学の私塾なんかをやらせていただいております。どうぞよろしくお願いします。
　梅基さんの紹介ですね。実はこの梅基さん、私ともう四半世紀にわたるお付き合いをさせていただいている、友人というと恐縮なんですけれども恩人でございまして、今日私がどの程度かわかりませんが、今日私があるのは梅基さんのおかげなんです。私の人生の師でありメンターであるという方を、今日はお願いして来ていただきました。あと、補足はお願いします。

梅基：僕はもともとキヤノンというところで営業をやっておりました。

釣部：キヤノンってコピー機とかカメラとか？

梅基：そうですね。ＯＡ器機のセールスをやっているときに、今の仕事のＳＭＩと出会いまして。そもそも僕、昭和38年生まれですけれども、その頃の年代の人たちは大体いい高校、いい大学、一流企業入って一丁上がりみたいな思考をしていたと思うんです。完全に僕は、そのラインの思考で、とにかく安定した会社で一生を終えて、それが幸せな人生っていう感じの思考の人間だったんです。

たまたま入社４年目転機が訪れました。

毎年トップの成果を挙げている先輩からＳＭＩを学んでいるという話を聞きまして、担当のモティベーターからプレゼンテーションを受けました。それでなんとなく直感でこれやったら人生変わるんじゃないかなと思ってやったのがきっかけで、

私が求めていた安定とは、所属価値ではなく、自分自身の能力に価値があること

に気付かされました。
結果的には半年後にはサラリーマン辞めて、自分の実力を高めるために、完全歩合制のセールスに変わったというのが最初のきっかけです。

釣部：ＳＭＩというのは何の会社なんですか？

入社してから、一流のプロセールスのスキルを身につける為に、このマニュアルがボロボロなるまで学びました

梅基：Success Motivation Institute といいまして、成功とモティベーションを研究している会社で、ちょうど今年60周年になりますけども、世界80カ国でいろんな方がそのプログラム使って成功する習慣を身につける、そういうプログラムを売っている会社です。

釣部：モティベーションを

売る？　わかるような、わからないようなものですけど、工藤さんがそれを受けられたということですか？

工藤：そうですね。25年ぐらい前に受けましたね。

釣部：それ、倫理法人会に出会う前の？

工藤：前です。ある方のご紹介で梅基さんとご縁をいただいて、お話聞いていていたらこの人すごいなと思って…。正直なんかよくわかんなかったんですよ。でも、この人が言うんだったらきっとそうなんだろうなと思って、「あ、僕それ買います！」って買っちゃったんですよね。

梅基：本当に買いっぷりが良かった。

釣部：覚えています？

梅基：覚えています。ＳＭＩプログラムは23種類有ります。その中で一番大切な基本プログラムが３つあるのですが、私もそうでしたが、使ってみないとその良さがわからないものですので、試しに一つ導入する人は沢山います。いきなり3つのプログラムを同時に買う度胸のある人、そう多くないんですね。工藤さんは、もうすぐ「それ全部、プログラム3つ全部買います」っていうその買いっぷりの良さが印象に残って…。

工藤：洋服屋さんでいったら、ハンガーに掛かっている「こっからここまでを全部ください！」みたいな。

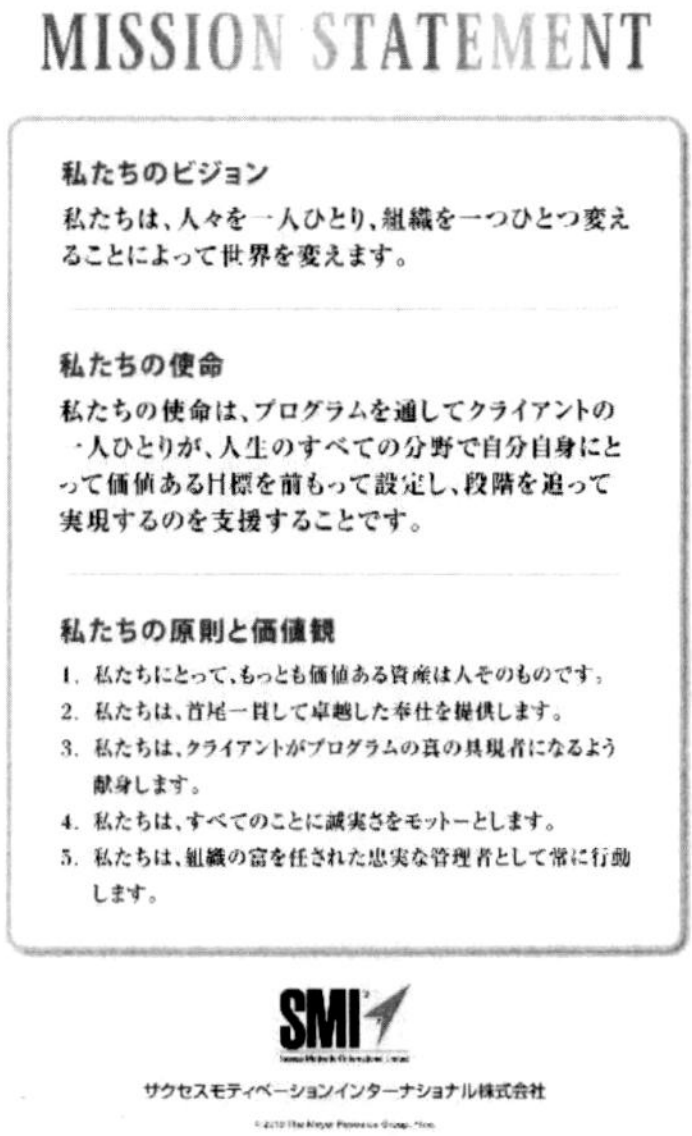
MISSION STATEMENT

私たちのビジョン

私たちは、人々を一人ひとり、組織を一つひとつ変えることによって世界を変えます。

私たちの使命

私たちの使命は、プログラムを通してクライアントの一人ひとりが、人生のすべての分野で自分自身にとって価値ある目標を前もって設定し、段階を追って実現するのを支援することです。

私たちの原則と価値観

1. 私たちにとって、もっとも価値ある資産は人そのものです。
2. 私たちは、首尾一貫して卓越した奉仕を提供します。
3. 私たちは、クライアントがプログラムの真の具現者になるよう献身します。
4. 私たちは、すべてのことに誠実さをモットーとします。
5. 私たちは、組織の富を任された忠実な管理者として常に行動します。

SMI

サクセスモティベーションインターナショナル株式会社

釣部：普通は3つのコースがあって、基本的なものがあって、ミドルがあって、最終的なものがあって順番に上がっていく？

梅基：そうですね。そういう方が多いです。僕もそういうタイプで。

釣部：工藤さんは最初から最後

までやりますと、全部。

梅基：そうです。

釣部：結構なお値段、たぶん？

工藤：そう。結構なお値段ですね。結構いい車買えるぐらいの。

梅基：そうですね。車1台分ぐらいを即決で。一時間もしないで決められた思うんですけれども…。

釣部：お話聞いて一時間で？

工藤：いや、たぶん一晩中聞いても、今決めても理解の深さに変わりはないなってすぐ気づいて、「じゃあ、買っちゃって試してみないことには絶対わかんないだろうな」と思って…。あとはさっきも言ったけど、**梅基さんだったから**っていうのがすごく僕の中であって、初対面なんですよ、**初対面なんだけれども、ここで買わないとこの人と縁紡げないのかなと思っちゃった**ところがあって、なんなら好印象のほうがいいから、「全部買います！」のほうがいいかなと思って買っちゃったんですよね。

釣部：じゃあ、ちょっと表現わかんないんですけど、梅基さん自体が商品の結果みたいな感じだったんですか？

工藤：ご自身がＳＭＩのヘビーユーザーであり、ＳＭＩのプログラムを使ってらっしゃっているから、だから、その人が醸し出す雰囲気とかオーラとか、きっとこの人の言っていること本当なんだろうなって思わせるところあった。

僕はキヤノンではないけど、証券会社で営業やっていたんで、営業マンの口からの出まかせっていうのはある程度わかるんですよ。でも、釣部さんも初対面で感じたでしょう。これが世界一の人なの？って、こういう感じじゃないですか。

だから、この人が言っていること、全部本当なんだろうなって思っちゃったんですよ。だから、とりあえずそのプログラムを試してみたいって気持ちになって。そうしたら3つプログラムあって、セットで買うと少しお安くなるっていう、どんな世界でもそうなんだけど、一つひとつが魅力的に見えて、どれって取れなかったんですよね。だから、モンブランがあって、ショートケーキがあって、エクレアがあって、どれ？っていったら全部食べたいみたいな感じになったんですよね。高い買い物かもしれないけど、僕はそのときは結構喜んでいましたね。
だから、その後僕、友達何人も紹介しましたよね。「結構高い買い物だったけどおもしれえんだよ。お前も話聞いてみろよ」って随分紹介した。今でもしているもんね。ずっと紹介し続けています。

2、3万人の中の1位

釣部：今、世界一って言いましたけど、80カ国で梅基さんみたいな営業っていうか、セールスっていうかやっている方がいて、何万人とか？

梅基：3万人ぐらい当時はいました。

釣部：3万人！ 世界ですよね。この中で1位？ すごいとしか言いようがない。

工藤：すごいと思いますよ。

釣部：ぶっちゃけ、どうやってモノ売るんですか？ と聞きたくなってしまうんですけど…。「売っている」という感覚なんですか？

梅基：あんまりないですね。工藤さんが言っていただいた言葉どおりなんです。僕らの場合、ＳＭＩプログラムの具現者になることを目指しています。このプログラムで言っているとおりの生き方をすれば、それが相手に伝わって、ＳＭＩの良さが伝わるからって。あなたがたがＳＭＩの広告、宣伝マンというのがＳＭＩ創立者ポール・Ｊ・マイヤーの教えなんです。

　だから、今工藤さんに言っていただいた言葉が一番最高の褒め言葉で…。ですから**僕ら自身の姿で売ってくっていうのが本来ですね。**

釣部：自分がそれ自身になっているということですよね？

梅基：そうですね。

最初に頂いたトロフィー

World Sales Leader of the Year
Presented to
GOHKI UMEMOTO
1999
Success Motivation International, Inc.
Waco, Texas U.S.A.

釣部：工藤さんはそのときは、商品（プログラム）はよくわからないけど、この人だったらって思えたっていう？

3、人生の6分野

工藤：うん。なんか親しくなりたいなと思ったんですよ。年も結構近いんですけどね。38年。でも、早生まれだっけ？

梅基：12月。

工藤：12月か。だから学年1学年違い、年も近いし。当時お互い30代でしたよね。だから、なんか長い付き合いしたいなって思わせるものがあったんですよね。

そのとき僕まだ成功とか何もなくって、証券会社飛び出してきたばっかりのときだったんで、右も左もわからない、食べていけるかかどうかみたいなときだったんで、**とにかく長くお付き合いしたいなって、そのときはそう思ったんですよ。**

釣部：工藤さんにとって、何がどう変わったっていうのは変ですけど、すごい良かったのはお聞きしたんですけど、何がどう良かったんですか？

工藤：いっぱいあるんですけど、いろんな説明の仕方、ＳＭＩはたぶんあると思うんですけど、僕はざっくり言うと、目標達成のプログラムだと思っているんです。

目標って立てた目標を達成するって結構快感が走るじゃないですか。それができるようになっていったら、自己実現って本当にできると思うんですけど、その目標がすごいエゴイスティックだったんですよ、すごく。儲けたいとか。青天井のような稼ぎをしたいみたいなね。あれが欲しいこれが欲しいとか。あとは成り上りたいとかね。そういったような思いが強くって、そこじゃないってことに気づいたんですよ、結構。稼ぐということに関しては成功しちゃえばいいと思うんですよ。そこは別に迷う必要ない。別にわざと貧しい方を選ぶ必要はない。堂々しっかり収入を取ればいいと思うんですけれども、それだけじゃ幸せになれないなって…。

人生6分野の部門、全部そこを卓越してしまおう。全部成功してしまおう。ビジネスだけで成功したって、たぶん世間は「あの人すごい人だよね」と言ってくれるんですよ。でも、家庭がボロボロだったり、家に帰ったら寂しい人とか結構いるじゃないですか。

例えば、仕事は人並み。可もなく不可もなく大過なく人生を過ごして終わるような人でも、「あの人すごくいいお父さんだよね。○○ちゃんのお父さん、羨ましいよ」なんて、運動会のときとか、保護者参観のときとかに言われるようなお父さんっているじゃないですか。

それだって立派なことじゃないですか。でも、これを両立している人ってどのくらいいるのかなっていうと、すごく少なくなってくると思うんです。それが6分野あるっていわれていて、仕事面とか、社会生活面とか、精神面とかいっぱいある。教養面とかね。いくつかあるんですけど、それが6つあるんですよ。

そういったような6つの分野どれを取ってみても、圧倒的に目標達成をしていて成功している形になっちゃおうぜっていうところがすごいなって…。言葉は悪いけれども欲張りだなって。でも、決して下品な欲張りじゃなくってそうだよねって…。仕事で成功するってそれは価値があるだろうけれども、なんのために働いているかが途中でわかんなくなる。どうしても守りたい家族がいて、どうしても子どもが目標とか夢とか持って、それを応援したい自分がいて、そのためにお金が必要じゃないってことがあったり…。じゃあ、殺伐としていていいのかいって。神も仏も信じないみたいな感じでいいのかいって。自分のお墓も、自分のお父さんとかご先祖様が眠っているようなお墓が荒れ放題でいいのかいって。それも違うよね。そういったとこ一つずつ全部本当に卓越したいっていう具合に気持ちが変わってってったんです。

だからといって、じゃあビジネスの成功に対する願いっていうのが6分の1になったかっていうと、ならないんです。ビジネスに対する目標のその熱意とかは、下がらないどころか上がるばっかり。でも、今まで見向きもしなかった分野についての、やっぱりちゃんとしたいなっていう気持ちが芽生えてきて…。

　知っている方は知っているかもしれませんが、僕もともと論語とかずっと読んでいた人間なんで、そういった教養面とかそういった面は嫌いじゃなかったんだけど、卓越しているかっていうとどうかなと。じゃあ、どうしたらいいんだろうって、結構それは目標達成するのに時間かかったんだけど、本を出したいって思ったんです。それがご存じのPHPの『ビジネス訳 論語』につながってくわけです。これはたぶん10年かかりましたけどね。そういったような一つひとつ。笑っちゃう話ですけど、結婚もした

世界一になって、両親が心から感動し、一緒にハワイを楽しんでいるイメージを徹底的にしていました。

わけですよ、晩婚でしたけれどもね。

そこはスルーしていたわけじゃなくて、気にはなっていたんだけど、一番目標達成が時間かかったんだけど、でもそういったようなことを、きちんきちんと一つひとつ整えていこうとなってったときに、今年誕生日きて56歳になるところですけれども…。まだ終わってはいないですけれども、振り返ってみると梅基さんと出会ったこの四半世紀、25年ぐらいがなかったら、自分はどこで何やっていんだろうと思いますよね。この成功のプログラムがなかったらどうなっている？ 倫理だけではたぶんここにはきてなかった。

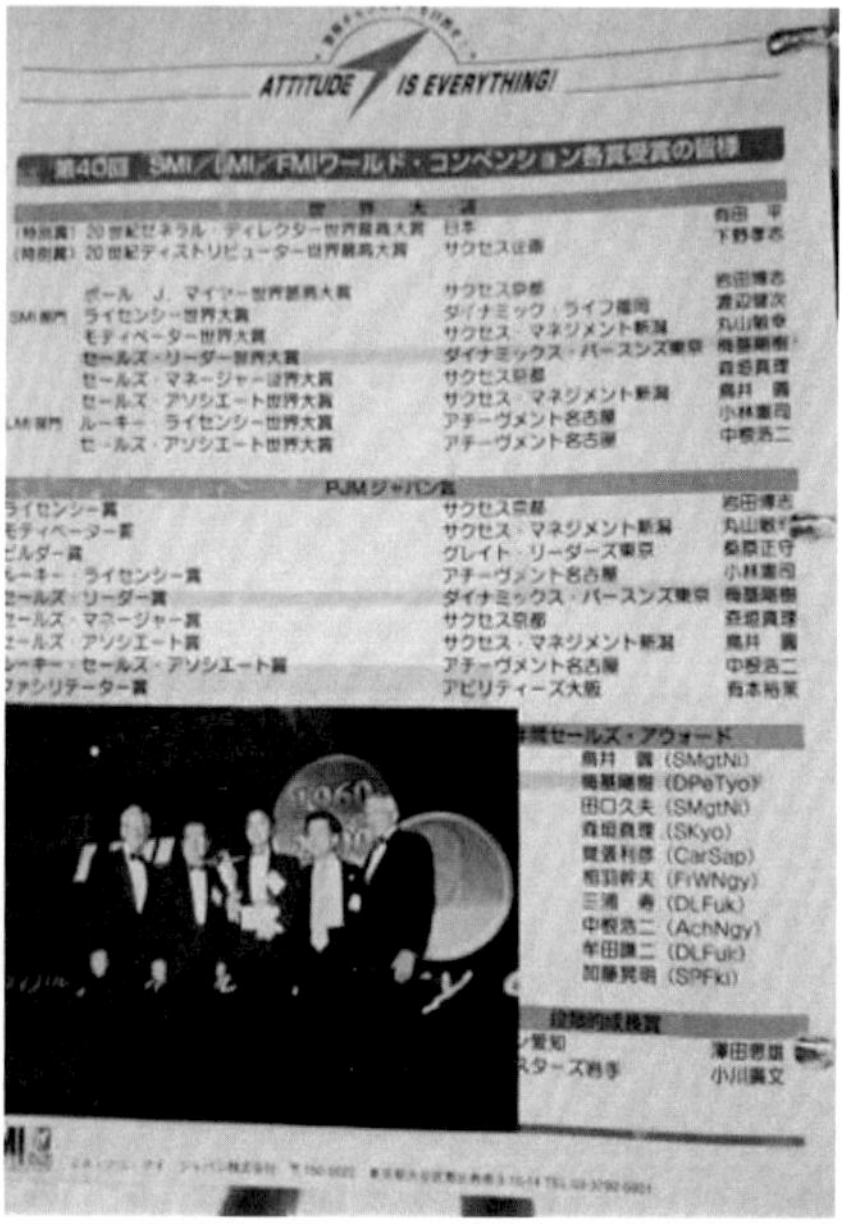

ポール・J・マイヤーから表彰されている姿を両親に見せたい想いが、世界一の原動力

第二話　世界一のセールスマンに聞く、自己成長し続けるための価値ある目標設定とは？

人生のあらゆる分野で成功するためにモティベーションアップ、自己啓発・能力開発するためのＳＭＩプログラムをその場で契約した工藤氏。どのようにネガティブな感情をポジティブな思考に刷り変えるか、常に成長し続けるための、価値ある目標設定とは何か。ゲストお二人それぞれの過去を振り返り、深層に迫っていきます。

1、幸せの定義

工藤：実はこの梅基さんね、私ともう四半世紀にわたるお付き合いをさせていただいている恩人でございましてね。

梅基：キヤノンのセールスをやっているときに、今の仕事のＳＭＩと出会いまして、成功する習慣を身につける為のプログラムを売っている会社に、入社して５年目の頃に出会いました。

工藤：話聞いたら、この人すごいなと思って、「僕、それ買います」って言って。

梅基：買いっぷりの良さが印象に残っていて、一時間もしないうちに決められたと思うんですけども…。

工藤：**ここで買わないとこの人と縁紡げないのかな**と…。その人が醸し出す雰囲気とかオーラとか、きっとこの人の言っていること本当なんだろうなと思わせるところがあった。

工藤：親しくなりたいなと思ったんですよ。青天井のような稼ぎをしたいみたいなね。そこじゃないってことに気づいたんですよ。

工藤：梅基さんにとっての価値、幸せ、目標って何なんですか？

梅基：僕は工藤さんが先程言った通りトータルパーソン、精神面、精神・家庭・社会・教養・健康・経済、この六つの分野に価値ある目標を設定し達成していく生き方そのものが、幸せな人生に繋がります。ある経営者に梅基さんにとって幸せとは何ですか？と聞かれたことがあり、そのときもそのように答えました。

その社長が言ったのは、「なるほどなっていうのが3つあるんですけど、一つ

世界大会にて、ポール・J・マイヤー

が『信頼における信仰』を持っていること。これは精神面ですね。もう一つは『親密なる夫婦関係』家庭生活面。もう一つが工藤さんも言ったように『親密なる人間関係』社会生活面。この3つは我が社は理念にしているんだって。これはまさに同感」と。それはもう本当にそういう感じで。それ以外にも教養と健康とお金という、その6つに対してバランス良く達成していくような感じですかね。

究極能力目標　トータルパースン

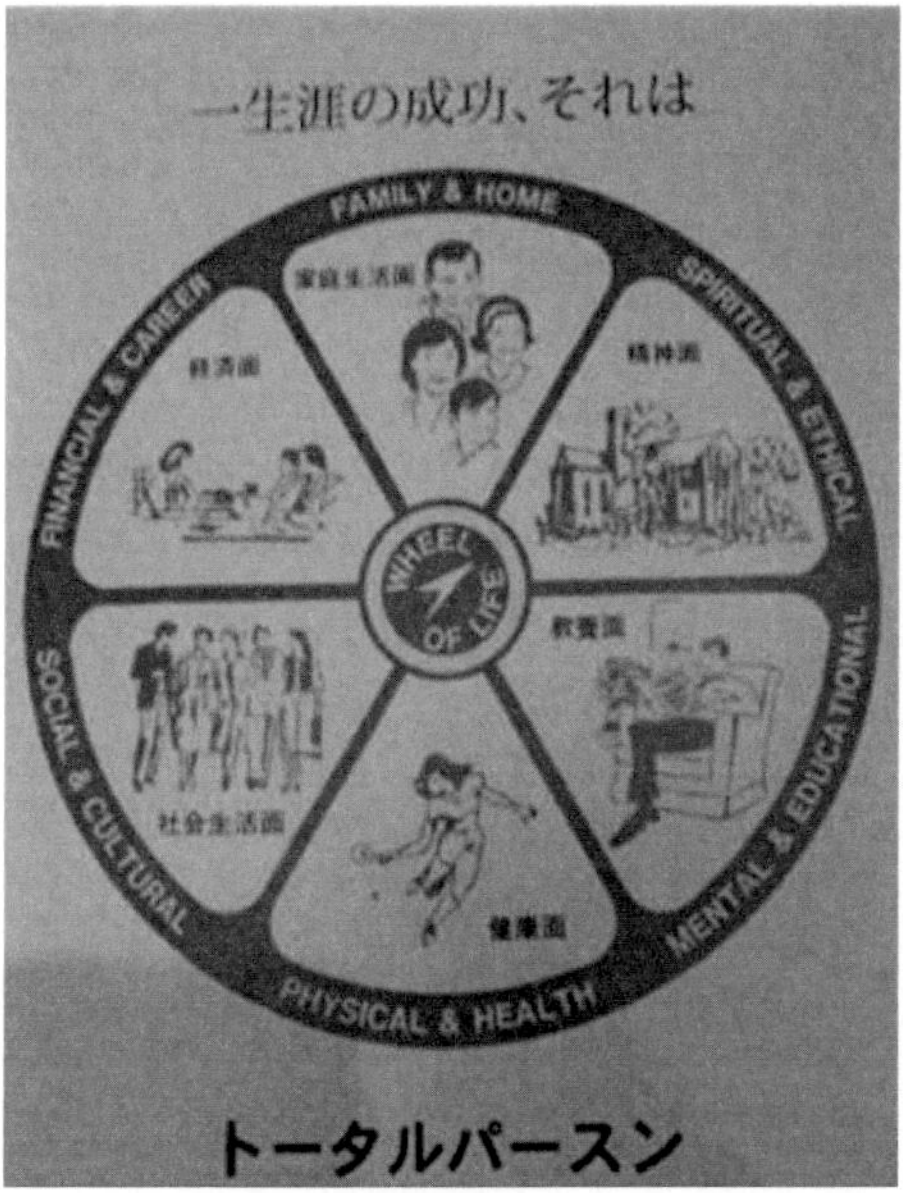

釣部：それが幸せという？

梅基：そうですね。自分の価値観に合ったことを達成していくこと、そういう生き方をすることが幸せかなという。目標ですね。

釣部：こういうお仕事されていると、商品を買ってもらった方が幸せになってほしいとかね、そういうのもあるのかなと思うんですけど、あんまりそういう感じではないんですか？

梅基：ありますよ。結局工藤さんもそうですけど、訳のわからない内容をたった1時間で即決、僕らは、同じ人に2度セールスってないです。初めて会ったお客様に、大体1時間ぐらいで高額なものをその場で契約していただく仕事なんですね。ですから、**100%僕のことを信じて買ってくださっているので、僕らの責任っていうのは、本当にSMIをやって良かったっていうのを証明するのが僕らの仕事**なんで、そこが第一。

僕を見ていただければ、やっぱりSMIやって正解だったんだなっていうところには、ずっと僕はいなきゃいけないっていう責任があるので、そこは徹底的に追及していくっていうのは第一に考えていますね。ポール・J・マイヤー（SMI創業者）が言っていますけれども、SMIを販売することで僕達は、コミッションをいただきます。コミッションが本当の意味でもらえるのは、**「クライアントさんが成功したときに、初めてあなた方はフィーをもらえるんだ」**という表現しています。そういう面では、一人ひとりのクライアントさんの成功に僕らはコミットしているって

世界一のモティベーターになるためのマンダラート

マッチング	商談	サクセスクラブ	数値の実践	参拝	親孝行	リセール	センターオブインフルエンス	GP
セミナー	血の通ったフォロー	感謝	お導き	運	奉仕	F紹介	プロスペクティング	Team 梅基
GPフォロー	手紙	SNS活用	環境整備	奉納	先祖供養	セールスネスト	8人紹介	[illegible]
タイムマネジメント	良き指導者コーチング	GPアプローチ	血の通ったフォロー	運	プロスペクティング	健康面	精神面	経済面
[illegible]	良い勤務習慣 ルーティンワーク	賢く働く	良い勤務習慣	世界No.1 モティベーター	SMI 具現者	教養面	SMI具現者 人格	家庭生活面
1日3商談	血の通ったフォロー	15-5-3-1-8	ベストコンディション	パーソナル モティベーション	S T P	SMIの反復	社会生活面	行動計画
体のリズム	早朝ウォーキング	呼吸法	アファーメーション ビジュアリゼーション	利他の心	思い込み力	自己評価の高い人	経営者	安全圏から飛び出す
休肝日	ベストコンディション	健康的な食習慣	信念	パーソナル モティベーション	WHYが明確	高いポジション	S T P	TOPセールス
休息	免疫力アップ	筋トレ	スキルアップ	エンスージアズム	コミュニケーション	二大都市集中	自己啓発受講者	フローセールス

いうことはありますね。

釣部：普通のセールスは、買ってもらって終わりじゃないですけど、買ってもらってホッとするんですけど、逆に買ってもらってスタートにたつというお仕事？

梅基：そうですね。

釣部：それが一生続くんですよね？

梅基：一生です。

釣部：ですよね。それがいい人間関係にもなるし。

梅基：そうですね。ですからこうやって工藤さんとは25年以上。こういうのが僕らの理想のお付き合いになるんですね。

釣部：そういう方が二千何百人、この30年でいらっしゃるという。

梅基：もちろん、もう全然縁遠い方も正直いますし、いろんな方いるので１００％ではないんですけれども、少なくとも僕が生きている間、ＳＭＩって、あれ良かったんだなって買っていただいた方には思っていただけるような生き方は、絶対僕らとしてはそれは責任があるっていう思いでやっていますね。
ただ、重苦しくなくて、そういうふうな人間になりたいと思っているんで、全然それは望むところという感じですね。

釣部：あと、お会いしてまだ何時間かですけど、世界の一位を何回も取られたセールスマンの方だと、すごく饒舌であったりテカテカしているというか…。

工藤：ギラギラしていたりね。

釣部：ギラギラしているというか、そういう方かなと思ったら、朴訥《ぼくとつ》されてすごく素朴な感じの方だなってお見受けするんですけれども。

梅基：よくそれは言われます。

釣部：それはＳＭＩの体現者だから？

2、価値ある目標

梅基：それぞれの人生6分野の目標が高いので、**その高い目標と自分を比べると、いつもまだまだだなって思いがあるので、そういう意味で世界一になったとしても思い上がることはまずないですね。**絶えず成功というのを人と比べたら、確かにそういう思考になるかもしれません。

僕らの考え方は、**成功というのは自分の目指すところと今を比較する**という思考なので、そうすると、理想の自分から見た今の自分というのは全然まだまだなので、どっちかというとこんなような雰囲気になっているのかなって思います。

釣部：人と比べてないわけですね。自分の目標と今の自分を比べて、ご自身が販売というか紹介しているプログラムで自分のことを解決されて、また目標に向かって…。販売の修行みたいな感じ？

梅基：僕はそれが好きだったんです。好きなことで飯食いたいと思いますよね。僕野球やっていたので、プロ野球選手で飯食えるなら、最高！　これは今でも生まれ変わったら何になりたいって言われたら、プロ野球選手だなと…。なので、そのプロ野球選手以外で好きなことで飯食うっていうのはまずない。どこか妥協して仕事をしていると思いました。

僕はこのＳＭＩの仕事に就いて、３年後にそれに気づいたんですね。もともとは学生時代からそういう自己啓発大好きで、キヤノンにいるころも必ず帰りの電車では自己啓発本を読みながら…、そんな感じで。ＳＭＩもそんな流れで買ったんです。もう一つの好きなことというのは、自己成長・自己啓発だったんです。それを自分が体感してそれを伝えて、それを実践しながらお客さまをフォローするという意味では、まさに野球ではないですけれども、もう一つの自己啓発は好きな分野で30年間飯食えたっていうのは、これは僕にとっては奇跡的な、絶対人生でありえないと思っていたものが手に入ったなと思いますね。

釣部：聞いているとすごいいいなっていうか、すごいなと思うんですけど…。

工藤：すごいですよね。

釣部：だって、正直自分にはできないとか、無理だろうとか、6つ全部でしょう？とか、そういうのって悟った人なんじゃないのとか思っちゃうと思うんですけど、そんなことない、ないので成功されているんですよね？

梅基：弊社の代表がそれをまさに僕らの見本としてくれて、創業者のポール・J・マイヤー自身も結局実践して、そういう見本がいるので、そのすごい人たちにちょっとでも近づこうっていうのがありますよね。

釣部：我々倫理で言うと、新しい「一緒に勉強しませんか？」とかっていうときに、嫌だっていう人といいっていう人といるんですけど、自分も倫理で成長した姿を見てもらうのが一番近道だと思っているんですが、体現しているかというと、全然体現していない。もうエゴいっぱいで、エゴの塊でやっているんですけれども…。

工藤：いえいえ。

釣部：工藤さん、今のお話聞いてどうですか？

工藤：**「価値ある目標を前もって設定し段階を追って達成していくこと」**と僕教わっ

たんですよ。価値ある目標を前もって設定し段階を追って達成していくこと。段階を追わないと達成できないんで、一朝一夕にはいかないだろうなって…。

私、論語の本を書きたいと思って、それを夢のマスターリストに、要はリストをつくるんですけど、それに落とし込んでから10年以上かかっているんですよ。それもあるし、あとは**「価値ある目標ってそもそも何だろう?」**とやっぱり考え出すんです。

だって、自分のためだけにあれ欲しい、これ欲しいとか、自分の地位や名誉のためだけに動いているって、自分にとっては価値あるかもしれないけれども、他の人から見たら関係ない話じゃないですか。逆に迷惑ぐらいに思うこともあるかもしれないじゃないですか。

「本当に価値のあることって何なんだろう?」とやっぱり考えるようになるんですよ。そして、価値ある目標を前もって設定し、なんかいい感じになってきたときに、後から実はこういう目標を持っていたんだよって、これは嘘

世界一SMIプログラムの具体化した証のトロフィー

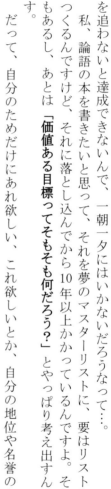

なんですよね。**前もって設定してたから、それを段階を追って達成していくことっていうのが、これがたぶん成功なんだろう**なって。成功っていうと成金みたいな、なんか成功しましたっていう、そういうのかなって最初は思っていたんですけど、そういうことじゃなくて、価値ある目標を前もって設定し、段階を追って達成することが成功だってなったときに、やっぱり価値ある目標を設定できるかって人間性ってすごく大事じゃないですか。

誠実であって真摯な姿勢がないとできないなって…。前もって目標を設定するってことは、たぶんバカではできないんですよ。ある程度知性がないとできない、前もって設定するのは。**段階を追って達成していくってことは今度根気がいる**わけですよ。諦めが早かったらできないですよね。

結局、成功っていうのは価値ある目標を設定し段階を追って達成するってことは、全部必要なんです。**頭がいいだけでもだめ、人柄がいいだけでもだめ、ガッツがあるだけでもだめなんだ。**全部がバランス良く整ってないと、結局そこに行けないんだってことに気づいていくんですよ。

もちろん梅基さんに出会って、「そのプログラム僕採用します。やって見ます！」って言ったときには、こんなことわかんないですよ。やりながら、あれ？ あれ？ あれ？ と思うことが、毎日のように起きてきて、「あれ？ 勘違いしていた？」「あれ？ 俺間違っていた？」「あれ？俺生き方違っていた？」と、プログラムを進めていくにつれて突き付けられていく感じがして…。

釣部：プログラムというのは、質問項目みたいなのがあるんですか？

工藤：朗読をただ聴き流すんですよ。

釣部：はい。誰か講師の方のお話を聞いて？

工藤：聞き流すんです。聞き流していくうちに、たぶん潜在意識が微妙にすり替わってくんだろうなって感じなんですけどね。僕らって常識で生きているじゃないですか。だから、いっぱい聞いていることをいっぱい摺りこんじゃうわけですよ。だからそんなのできっこないじゃんって、無理無理無理無理。例えば脱サラするときにすごく言われたんです。証券マンの同僚や先輩や後輩、後輩にも言われた。先輩にも言われた。同期たちにもみんなに言われた。「何で工藤、辞めんの？」と。僕、結構頑張るの嫌いじゃないので悪い方ではなかったんですよ、証券マン時代も。「何で辞めるんだ、もったいない」って言われたんだけれども、だけれども「辞める！」って言った。みんな勤め上げてなんぼだって、そういう年代じゃないですか。だけれど、それを脱サラするって、すごく引き止める人が多かったんだけど、あれがたぶん常識なんですよね。

一度勤めたところは勤め上げるもんだという常識があったんだけど、それって誰かに摺りこまれているわけじゃないですか。何か違うものを代わりに摺りこんであげれば、常識が変わるっていうのがあるよね。だから、できないできっこないじゃなくて、どうやってやるかに変えていけばいいし、いろんな言葉を変換していくことができるようになってきましたよね。

3、成功の心構え

釣部：言葉で言うと、ここにＳＭＩの「成功の心構え」というのがあるんですけれども、「私はできない、Ｉ can't」が「私はできる、Ｉ can」とかっていうふうに9個あるんでしょね。これをお話を聞いて、自分はできないと思っているなとか、やれるかなと思っているなって思いますよね。
お話を聞いているから、自分もそう思ったなっていうことに気づけるわけですよね。聞いてないと当たり前のように、「無理だよ、できないよ」ってダーッといつもの同じ結末の思考になるけど、あれ、例えば今日私ができるっていうお話を聞いているんだけど、「できるかもな？」というと、そこにチョイスが生まれて、そこでまた違う、別れて、「やれるかな？」に「必ずやるんだ！」というのを聞いていると、「あれ、必ずやるって思ってないな？」とか、「やるかな？」と少しずつ変わっていって、結末が変わっていくっていう。倫理でも言葉を変えるっていうのが。

工藤：そうですね。

釣部：ありますよね。潜在意識が変わるというか。僕も最近「タンスといえばゴン」という。これはもう染み付いちゃっているんで、なんか「タンスにガン」とかなんかができない限り、もう塗り替えるしかないですよね。アンインストールできない。

僕も昭和36年なんで、同じそういう時代の教育受けてきたし親とかね、特に母親は強かったんですが、「あんた苦労しないとうまくいかないんだよ」とか。苦労しないとうまくいかないと。「ツルッとうまくいく」ことはないと思っちゃっているから、ツルッとうまくくいき出すと、なんか苦難が来るぞと思うか

成功への心構え

1. 私は、できる
2. 必ずやる
3. よい結果を期待する
4. 理解する
5. 時間をつくる
6. 断固として
7. 自信がある
8. 信じる
9. “あなた” という言葉を多く

ら、苦難が来るんですよね。

梅基：そうですよね。

釣部：この言葉が変わらないんですよ。で、倫理に入ると言葉変えよう変えようとして「僕はツルッとうまくいく！」というのを繰り返し自分に言うっていうことを決めたら、ツルッとこれが手に入ったっていうことなんですけど、これが9つの言葉で。工藤さんどれか一番難しかったところはあるんですか？

工藤：でも、比較的これは、僕SMIを採用する前から良いほうに考え方するキャラだったとは思うんですよね。だから「できない」じゃなくて、「できる」できるって、できないじゃなくってできるためには何をしたらいいかなって考えたいほうなんで。

どうかなっていうのも、良い結果を期待するっていうより、どうかなって考えるんであれば、試してみなきゃわかんない。やってみなきゃわかんないじゃんって、やってみたらだめな方法が1つ見つかるだろうから、きっとだめだったとしたら、だめな方法が一個見つかるんだからいつかできるようになるんじゃないのっていう。

これは素晴らしいよね。でも、これって倫理で言っているのと本当に似ているんだよね。「苦難福門」ですからね。**「苦難は幸福に入る狭き門である」**だからね。苦難って考えたらただ辛いだけだけれども、より良く成長するために起きているんだって考えれば、絶対いいっすよね。だってある程度大人になってきたら、**あのときがあったから、今の俺があるんだよねって思えることって、１つや２つみんな持っているじ**ゃないですか。あのときって、きつかったときですよね。だからこの考え方ってすごく大事ですよね。

私のメンター

一番大切な存在　両親と家族と姉

第三話　上手くいく人には共通点があった！

ＳＭＩトップセールスマンと哲学講師が共に肯く「素直さ」とは？

ＳＭＩのプログラムを取り入れて、セールスに対する考え方が変わり現在も自己研鑽している梅基氏。当時、保険の営業をしていた工藤氏が梅基氏との話で勘違いだと知った「売れるセールスマン」の考え方とは？　人を心から信じるとはどういうことか、自己成長し、成功する人の共通点について肯きが連発する、両氏の対話をご覧ください。

1、セールスは素直で、純粋な動機がないと成功できない

釣部：梅基さんの価値、幸せ、目標って何なんですか？

梅基：今、工藤さんが言ったとおり精神・家庭、社会・教養・健康・経済、この6つ全てにおいて目標設定して、バランスのとれた人格を養う生き方をすることを、日々積み重ねていくごとに、幸せ感が年々増してきます。僕ら、同じ人に2度セールスしないんです。１００％僕のこと信じて即決してくださっているので、本当にＳＭＩやって良かったと証明するのが僕らの仕事なので。そして、私の趣味でもあります。

釣部：買ってもらってスタートっていうお仕事？

工藤：価値ある目標を前もって設定し、段階を追って達成していくことって僕教わったんですよ。一朝一夕にはいかないだろうなって。10年以上かかっているんですよ。価値ある目標ってそもそも何だろう？　と。自分にとっては価値あるかもしれないけれども、他の人から見たら関係ない話じゃないですか。やっぱり考えられるようになるんですよね。

釣部：梅基さんはなんかこれ失敗したなとか、道外したなとかっていうことってありますか？

梅基：そうですね。セールスにおいて、欲かいたことあるんですよ。欲かいてちょっと高額なものを。それはちょっとしたスケベ心で。この人なら紹介とかもらえるような方だし。僕はその商品自体はあまり納得はしてなかったんですけど、そこまで言うならとちょっと計算しちゃったんです。

結局、健康食品（70 万円分）だったんですけど、ほとんど食べずにそのまま捨てちゃったんです。それはそもそも動機がそんなことでやったことだからっていうのはありました。

釣部：今でいうと普通セールスって買ってくれればありがとうだけど、お話聞いていると売らないいんだろうなと思ったんですよ、逆っていうか僕らの発想と。買うほうが弱いっていうか、「売ってくれますか、僕に」っていうとこまでいかないと、売ってくれないっていうイメージが僕今できたんですけど。そんな感じになっちゃうんですか？

梅基：**基本お客さまと会うまでは、死ぬほど売ることを考えています、四六時中。**で

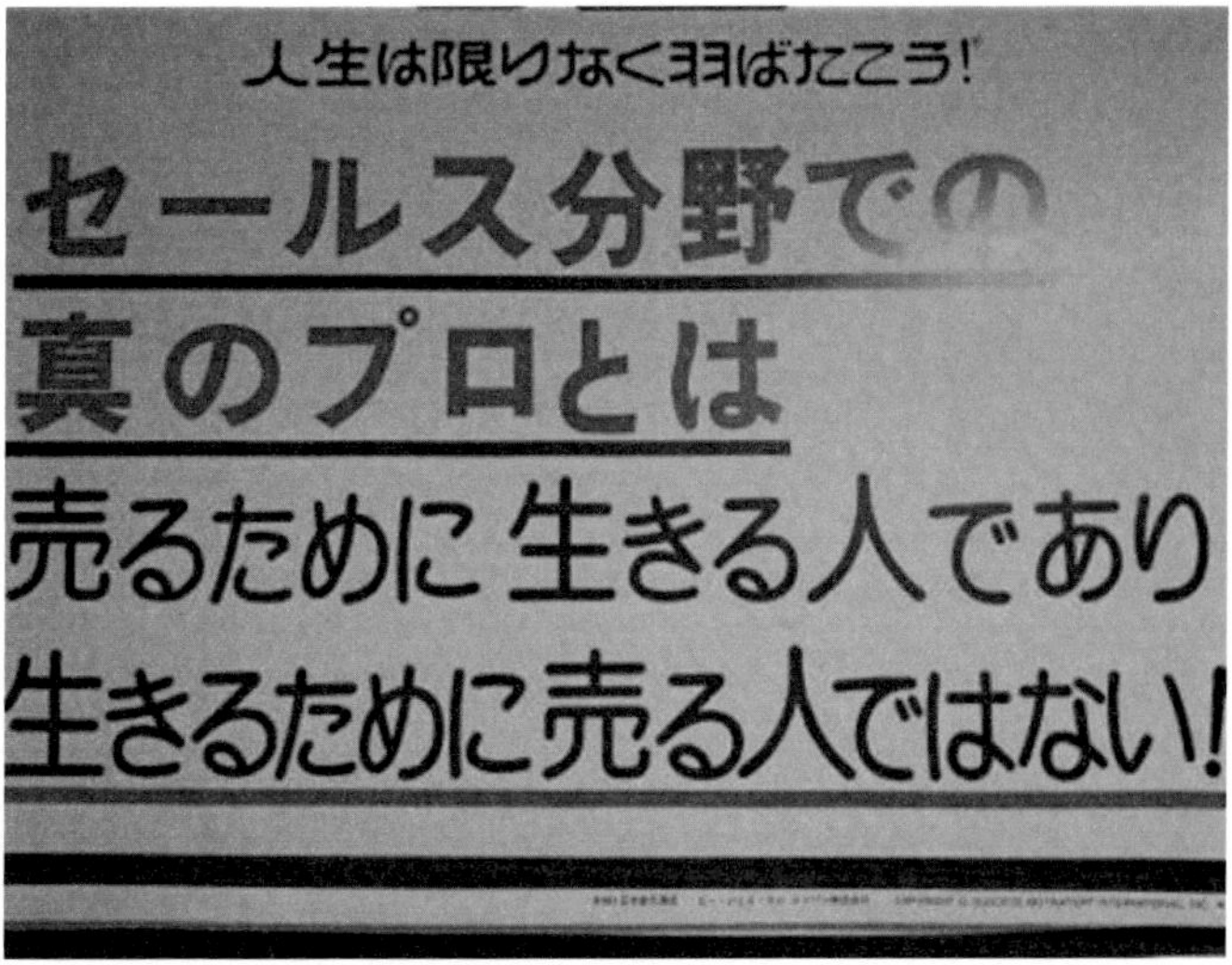
人生は限りなく羽ばたこう!
セールス分野での
真のプロとは
売るために生きる人であり
生きるために売る人ではない!

も会った瞬間、売るって頭外して、どっちかっていうと本当にその方に、このプログラムを通じて何が貢献できるのかって思考にチェンジするので、**それに合わなければ途中で「あまり必要ないですよね？」って自分のほうから断るような感じ**ですよね。

釣部：そうしたら相手はどんな反応されるんですか？

梅基：本当に警戒してそういう反応している方もいるんで、この人このままこんな態度していたら帰っちゃうんだと思うんで、「いや、そんなことないです！」と言って、そこで初めて本音で言ってくれる方は話しが進みますけど、本当に望んでいない人は、「実はそうなんです」と言って、「じゃあタイミングじゃないんですね」ってそれ以上進むことはなく、終わりますよね。

釣部：それは上司や友人から勧められて断れなくてお会いしたという？

梅基：そうですね、そういう方も。以前大阪にたったそれ一件、一人の方のために行って、お会いしたところ、話してててどうも雰囲気がおかしいんで、「○○さんって、紹介者からなんて言われてきたんですか？」と訊くと「いやあ、一応先輩なんで会わなきゃまずいなと思ったんで、とりあえずは行くだけ行きますっていう感じで来たんです」って言う。

「ということは、あんまり望んでないんじゃないですか？ 今日の話って」って言ったら、「実は…」って。「他で研修を受けてて、今はそれのほうが手いっぱいで、先輩から言われたんで仕方なく来たんですよ」って。「ああそうですか」って、それでその日は大阪一件だったんで、東京にとんぼ返りで…。

でも、昔の僕は会ったらとりあえずセールスしないと、セールスした気にならないことが最初の頃あって、全然望んでないのにとりあえず一方的にやった時代もありました。30年かけてようやくそういうのはなくなりましたけども…。

釣部：以前工藤さん、人を見抜くっていうか、梅基さんと感覚が違ったっていう事例があったってお聞きしたんですけれども…。

工藤：はいはい。このエピソード話していいですか？　私、以前保険業界で保険を売ってくれる人を探していた時期があるんですよ、自分でも売るんだけれども。すごくガッツがあって、ギラギラしていて、考え方違うのかもしれないけれども、僕の中で若いときはとんがっているぐらいのほうが面白いって思っていて…。

いい感じでこの兄ちゃんとんがっているなって、ガッツあるなって、ああ言えばこう言うし、「絶対、折れねえな、こいつ！」と思って、これは面白いと思って、なんとかスカウトしたいなと思ってやっていたんだけれども、とうとうダメだったんですよ。

梅基さんも販売をする人を発掘したいっていうのがあったんで、保険じゃちょっとだめだったけれども、ＳＭＩだったらすごいことになるんじゃないのって、「梅基さん会ってみる？」と、アポを取るところまで橋渡ししたんです。

それで今日、会って来たって…。「梅基さん、どうだった？」と訊くと、「工藤さん、あれダメだよ～」と言うのね。「ずいぶんスレてるねー、彼は」と言ったんです。僕はガッツがあるって取ったところ、梅基さんはスレていると取った。

「セールスは素直じゃなかったら絶対できないよ」と、電話口で言ってくれたんです。

あれ？ こんなに感覚違うんだって。そのとき梅基さん、世界一のタイトルに手が届くときだったんですよ。だから、本当に頂点極める人って僕と見方違うんだって思いました。

僕は頑張ってはいるんだけれども、所詮中の上ぐらいなんでそんなに大したものじゃなかったんで、当時ね。こんなに感性が違うんだ、たった一人の人物を見るときのジャッジも、僕が見たらガッツがあって根性があるように見えるようなのも、梅基さんの目にかかれば、素直じゃない、この男は伸びない。こういうような見方の違いっていうのがあるんだなって。いい勉強をさせてもらいました。

釣部：覚えています？ その方。

梅基：そうですね。やっぱり驚いたっていうか、こういう人も世の中いるんだなと思いました。あんまり紹介でお会いした人のことを悪口言うことはないんです。たぶん、結構、僕の中で衝撃的だったので、そのまま思ったこと言っちゃったと思うんですけど…。

釣部：梅基さんのいう「素直」というのはどういう方なんですか？

梅基：これ、うちの代表からいつも教わっているのは、**僕は右だと思っても、信頼している人が左って言ったらもう躊躇なく左ですねっていうのが素直**。もしくは、ここにコップがあって「これプールだから、飛び込めよ」って言ったら、「わかりました。ちょっといいですか？ 海パンに着替えてから飛び込みます！」ぐらいなのが素直なやつなんだ。

「これ、どう見たってコップですよね？」っていう人は、素直じゃないんだと、そういう教えを受けていたので…、

釣部：すごく危険なような気もしますけど、でもそれは上が変なこと言わないっていうことなんですよね？

梅基：そう。信頼のおける人からの、その前提。

釣部：そこの前提があるっていうことですよね。

梅基：そもそも以前の僕の場合は、自分が納得いくことを「それいいですね」とやるのが素直だと思っていたんです。「そんなのは、素直でもなんでもないよ」と言われて。本当に信頼する人に、自分は右だと思っても、左と言われたら「左ですね。

わかりました。そっち行きます！」というのが素直な姿勢なんだっていうのを教えられて、それは守っていますね。

釣部：従順とも違うし、そこに自分はあるんですよね？

梅基：そうです。この人の言うことは絶対に従うっていう自分の意志で決めている方ですね、いわゆるメンターみたいな。そう多くはいないと思うんですけれども、この人と思った人に言われたことは、１００％「わかりました。やります！」ともうひとつ返事ですね。

釣部：昔の武将みたいな感じなんですかね？　親方がそう言うと従うという…。

梅基：そうですね。なんでも、そういうメンターに会えたということが、世界一になれた理由はそこです。

釣部：自分がそこまで思える方と出会っているかどうかっていうことが前提にあるわけですね？

梅基：僕この仕事に変われたのは、その人の姿見たときに、なんだかわかんないけど、**この人の下についたら自分の人生変わるんじゃないかな**って、そういう思いに駆り立てられて、両親の反対も上司の反対も全て断ち切って変わったのはその人のやっぱり姿勢ですね。

2、人格で人が動く

釣部：工藤さんの言う、普段、素直っていうお話をされていますけど。

工藤：今聞いていて倫理そのものだなって思いました。倫理指導というプログラムが倫理法人会の中にはあるんですけれども、あのときに何か困り事、苦難が好転していく人といかない人がいるんですけれども、**好転していく人の最大共通は「純情（スナオ）」なんです。**

実践項目が、「あなたこうこうこういうところがあるから、こうこうこうされたらどうですか？」という話になるんですけれども、そのときに「わかりました。やります！」という人と、「違う人にまた聞いてみよう！」と思う人が分かれていて、この違いがまさに同じことだなって思って。

だから、何を言われても「はい」という覚悟がないんだったら、そもそも（倫理指導を）受けに来ないほうがいいんだろうなって思うんです。**自分にとって都合のいいことを言ってくれるのを待っているような人というのはたぶん純情（スナオ）ではなくって、本当の純情（スナオ）というのはあるがまま全部受け入れられること。**

自分と価値観の違うことですら、「なるほど。あなたがそうおっしゃるんでしたら、そうします」と言えるかどうかですよね。そうしないと変わらないですよね。だって**自分を変えようとしていない中で、苦難だけが立ち去ってくれって虫がいいじゃないですか。**

えー！って思うようなことを、「はい。わかりました。やります」と言ったから変わるわけじゃないですか。だから、ここって実は梅基さんのメンターの尊敬する社長さん、三好さんっていう僕も存じ上げている、もう随分お目にかかってないんですけれども、そういう方ですよね、やっぱりね。この人が言うんだったらそうなんだろうなって思わせるような人ですよね。

釣部：よくいう**人格で人が動く**ような、そういう素晴らしい？

梅基：そうですね。

釣部：なぜその人格が素晴らしいかというと、このプログラムで生きて体現されている方だから尊敬できるから、そういう方がまた集まるということですよね。

工藤：そうだと思います。

釣部：これで金儲けしたいという人だと、そういう人が集まってくるから、金がもらえないとなると離れていくとか…。

工藤：私が梅基さんからプログラムを採用させてもらったときは、まさにその心境だったんですよ。理屈とかロジックで考えるんじゃなくって、「あ、この人が言うんだったらやってみよう」と思ったんですよ。だから、信頼関係って長年時間をかけて築くっていう面はあるのかもしれないけれども、**会った瞬間にこの男の言うことは間違いないって思えるかどうかっていう、こっちの感受性もすごく大事です**よね。

そういう出会いが人生つくってくのかなって…。わかり合えないのを頑張って頑張ってやっとわかり合えるようになって親友になる人もたぶんいると思うんですけど、でも、別に梅基さんとずっとつながっているけど、いつも飲み歩いているとかない。

お互い用があるとき連絡取り合うくらいなんだけど、でも、深いところでつながっている感がすごくあってってていうのがあるんです。

釣部：じゃあ、登り方は違うけど同じ山を登って行っている。横にいるっていってお互い見て…。

梅基：そうですね。生き方がたぶん一緒なので、しょっちゅう会っていなくても気持ちが同調しているような感じですよね。

釣部：お二人のお話聞いていると、工藤さんはいつもお会いできてて、梅基さんは初めてですけど、なんか「自他」という言葉が出てきたんですよ。自分と他人って分けるじゃないですか。でも、お二人の話とか聞いていても自分なんだなって思うんですよ。

だけど、そこに他人のことが含まれているっていうか、自分が俺だけいいっていう自分ではなくて、**他人まで含めて自分になっている**っていう、そんなイメージがお二人のことから出てきたんですけども…。

だから、エゴがないといえば、エゴがないということでしょうし、そのへん自他ということでいえばどういう?

3、モティベーター

梅基：僕ら肩書がモティベーターという肩書なんですね。

釣部：モティベーター、はい。

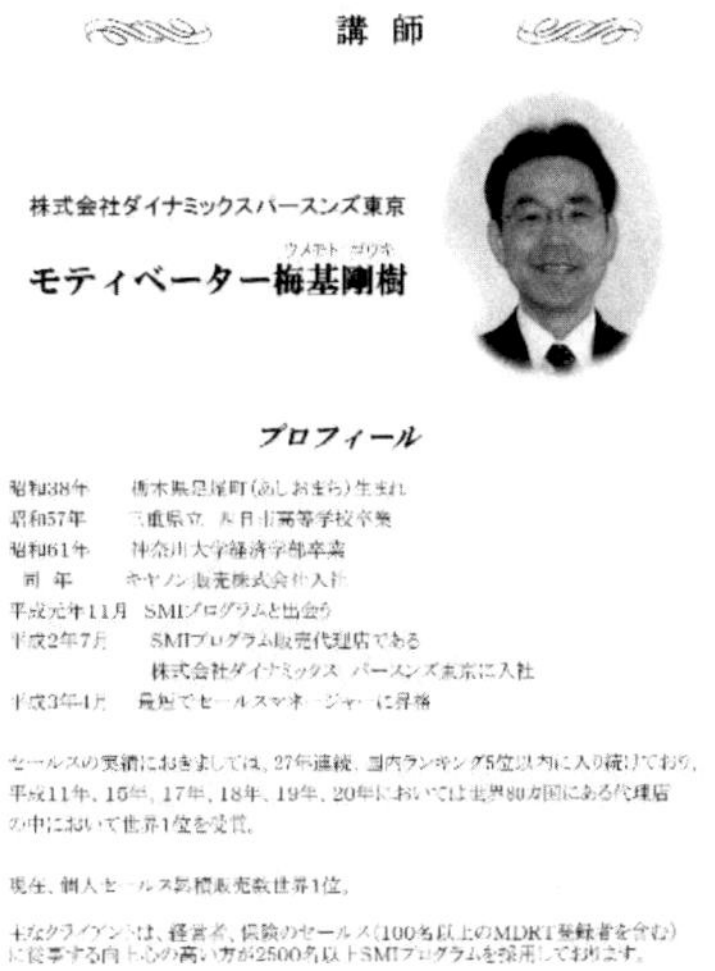
講　師

株式会社ダイナミックスパースンズ東京

モティベーター梅基剛樹《ウメモト ゴウキ》

プロフィール

昭和38年　栃木県足尾町（あしおまち）生まれ
昭和57年　三重県立 四日市高等学校卒業
昭和61年　神奈川大学経済学部卒業
同　年　キヤノン販売株式会社入社
平成元年11月　SMIプログラムと出会う
平成2年7月　SMIプログラム販売代理店である
株式会社ダイナミックス パースンズ東京に入社
平成3年4月　最短でセールスマネージャーに昇格

セールスの実績におきましては、27年連続、国内ランキング5位以内に入り続けており、平成11年、15年、17年、18年、19年、20年においては世界80カ国にある代理店の中において世界1位を受賞。

現在、個人セールス累積販売数世界1位。

主なクライアントは、経営者、保険のセールス（100名以上のMDRT登録者を含む）に従事する向上心の高い方が2500名以上SMIプログラムを採用しております。

梅基：そのモティベーターの本来あるべき**最高の状態というのは『人の喜びを喜びとできる人』が最高のモティベーターといわれている**んですね。だからまさにクライアントさんとか、要は周りの人が自分の何かしたことで喜んでくれるのを見て、ああ、よかったなって喜べる、そういう状況かなって感じするんですね、実感。

なので、**人の喜びを自分の喜びとできる**。そういう幸せが強いんじゃないかなと思いますね。

釣部：先日、川内美喜男氏社長㈱ティー・シー・エス代表取締役社長、『会社を大きくするより、良い会社つくりたい〜今でもあの100円札と飴玉は僕の宝物〜』参照）も言っていました。**自分がお客さんに褒められるより、社員さんがお客さんに褒められるのを聞いたときに、もう何十倍も喜びが出る**んだって言ったときにそうなんだなって思いました。

結婚前に『子供は一姫、二太郎』をイメージしていたら、ほんとにそうなりました！
妻、子供達の笑顔が最高の喜びです！

僕はスポーツですけど、僕も優勝したことありますけど、僕の優勝と選手の優勝なら、何百倍も選手の優勝のほうが嬉しいと聞いていたんです。

「そんなことないよ、やっぱり自分だよ！」とて思っていたんですけど、監督になってみると、もう比べる次元が違うぐらい。良かった。こいつの人生にひとつ賞状やれたとか、トロフィープレゼントできたと思ったら、涙も出ないっていうか。ガッツポーズも出ないですよ。良かったたっていう、そういう思いを体験しました。それが僕はスポーツですけどもっと人生っていう枠に。

工藤さんもそうですよね、倫理指導とかされて。

工藤：そうですね。自分が発信した言葉を受け取っていただいて、なんか違う自分に出会いに行っていただくっていう感じかな。要は**今までやったことない実践に取り組み出した結果、何か違う結果が出ましたっていう報告をいただくと、もう疲れとか吹っ飛んじゃいます**よね。ああ、やって良かったなっていう。思いますよ。

釣部：逆にそうならない方もいらっしゃいますよね？

梅基：そうですね。

釣部：そういうときはやっぱり落ち込むっていうか？

梅基：あります。自分は会った人誰もをモティベートして、どんな人でも僕と会って、短い時間でも会って良かったなと思ってお別れすると、そう決めているんですけど、やっぱり後味悪い終わり方したりとか、というとすごく落ち込みます。自分はそんなつもりで言ったつもりじゃなかったのに結果的に話の流れで、ちょっと嫌な思いさせてしまったのかなみたいな、そうするとすごい落ち込みますよ。それはあります、未だに…。

釣部：今でもあるんですか？　そういうときって、どういうふうに自分を立て直していくんですか？

梅基：今でもあります。そのときは申し訳なかったなって反省して、次はそうならないようにと、もう一回目標設定ですよね。自分はこうしたら必ずこういうふうな形で心整えて相対するみたいな。そこを刻むような感じですかね。

釣部：でも、お話もお金のこと度外視してその人にとっていうところで、それが届かなかった？

梅基：そうですね。

釣部：けっこう相手に左右される場合もありますよね？　ご自身ではなくて。

梅基：そうですね。ですから、ここで一言いわなくてもいいこと言っちゃったりとか、つい感情的に…。そういうときは大反省ですよ。そんなこと言わなくても良かったのに、止めときゃ良かったのに！　というのが一言多いみたいなのがあると、すごく終わってから反省。「何で俺あんなこと言っちゃったんだろう」というようなのはありますね。

釣部：サインもらうときにあの一言があったから、突っ込んでくれたからサインっていうのもありますよね？

梅基：ありますね。過去に思いっきり怒鳴ったというか、ホテルで怒ったことがあるんです。普通なら当然嫌われて終わっちゃうんだけど、その人はそれでハッとされたみたいで、「わかりました。やってみます！」って。その方はそれこそ20年来のお付き合いをしている方ですね。それはこっちに売りたいっていう意識が全くなくて、本当に人としてこれマズいだろって言い方をされていたので、「それマズいじゃないですか？」というのをズバッと言ったのが、相手にはすごく真摯に伝わった。ですからその方は素直だったんでしょうね。なんだ、この野郎と思わなかったです。普通ならそこまで言ったら、怒ってぶん殴られてもしょうがないじゃないぐらいの勢いで僕はその方に言ったんですけど…。それでもうちの代表から、**「言う**

べきことはやっぱり言わないとナメられるよ」という、セールスマンとして。だから、言っていいことと悪いことのその区別は、セールスマンだから全部「はい」って言っているっていうのはセールスマンじゃないからっていうのは言っていました。
そのときはちょっとここはセールス抜きに、この人のここを正さないとマズいなという人だったので、これは、セールスはもう終わりと決めて、やったことがあります。

両親の笑顔がやる気の源です！

第四話　自分が変わると「決める」こと
肚をくくった成功者は「信じて」喋らない⁉

新人セールスマンの持つ悩みとは「売らなきゃ食っていけないという現実があるものの、売らなきゃって思うと売れない」ジレンマに襲われるという。その状況を打開するためには「それが良いと信じる事を決める！」と話す梅基氏。倫理哲学のアドバイザーである工藤氏のもとに訪れる多くの相談者に対して、工藤氏が考える必要な決断とは？　両氏の語る成功哲学を、ぜひご覧ください。

1、やらないと意味がない

釣部：普通、セールスって買ってくれればありがとうだけど、お話聞いていると「そう簡単には売らないんだろうな？」と思ったんですよね。

梅基：**お客さまと会うまでは、死ぬほど売ることを考えています。会った瞬間、売るって頭を外して、このプログラムを通して何が貢献できるかって思考になります。**

釣部：以前、工藤さんは人を見抜くというか、見る目が梅基さんと感覚が違ったという事例があったとおっしゃっていましたが？

工藤：はい。保険を売ってくれる人を探していた時期があるんですよ。すごくガツがあって、ギラギラしていて、若いうちはとんがっているぐらいのほうが面白いって思っていて、これは面白いと思って保険じゃちょっとあれだったけれども、ＳＭＩだったらすごいことになるんじゃないのって。

「工藤さん、あれダメだよ～」って電話口で言ってくれたんですよ。「あれ？こんなに感覚違うんだ？」ってそのとき梅基さん、世界一のタイトルに手届くときだったんですよ。だから、本当に頂点極める人って僕と見方違うんだって思いました。

釣部：ＳＭＩのプログラムを売っているような、売っていないような？

梅基：そうですね。

釣部：違うものを届けに行って、結果そのプログラムを買うかどうかっていう話をされるっていう感じですね。

梅基：結局やってみなきゃわかんないんですよ。

釣部：説明聞いても？

梅基：そうなんです。経営者の方は１００％サインされる前に「わかりました。これやって見なきゃわかんないんでしょ。じゃあ持ってきて」というのが大体そんな感じです。

釣部：工藤さんも倫理指導されて、やらない方も結構もいっぱいいる？

工藤：結構いますよね。

釣部：9割とか8割方？

工藤：そこまでは多くないかな。でも、6割、7割ぐらいはやらない方が多いですね。

釣部：口では「はい」って言って、「やります」って言って？

工藤：やらない。

釣部：で、報告もなく？

工藤：報告もない。

釣部：でも、見ていればわかりますよね。

工藤：わかります。

釣部：倫理指導していると、その方に、どこからか、「○○という実践しましょう！」というのが出てくるんですよね？

工藤：うん。出てきますね。

釣部：なぜかですね？

工藤：なぜかですね。**直感なんですけどね。閃くんですよ。どっかから閃くんですよ**ね。大体、その人にとってできない実践項目になるんです。だから、できなくて当然。逆にあっさりできちゃうぐらいだったら、たぶん、真の実践項目はそこではない。だってあっさりできちゃうんであれば、苦難なんて最初から起きてないと思う。

苦難が起きる何か根本原因が奥底に潜んでいるから、その人にとってはその実践ができないはずなんです。だから、「できないってことを報告してね」と言うのに、「できあがってから報告しなきゃいけない」と思っている人が多くて…。

だから、その点釣部さん素晴らしくって、「工藤さん、俺言われたことできないんだけど、どうしたらいい？」と。あれが一番正解なんです。あっさりできるわけないなってこっちも思っているんで。「できないでしょうね」、「良かったですね」って…。

不思議な禅問答のように思いますよね。「そうですか、できなかったですか。良かったですね」って話になるわけですね。「それじゃあどうしましょうか?」と言ってどんどん奥に入っていくんです。そうすると、いつかきっとできるようになる。**いつかきっとできるようになったとき、あれほど辛かった、苦しかったことっていうのはもう気にならなくなっているん**ですよ。

これをやっていけば。私、お医者さんに例えさせていただくんだけれども、病気になってお医者さんに通うとか、処方された薬が合えば調子よくなっちゃうから、「おかげさまで良くなりました!」とわざわざ医者に報告に行く患者っていないよね。

「いただいた薬が合わないみたいで、相変わらず症状が変わんないんです。もう一回診てください」と言いに行くじゃない。倫理指導も絶対そうなんですよ。良くなったんであれば、「おかげさまで元気でやれています」の一言で、LINE でも FB Messenger でも、ほんの5秒でいいんです。だから、「おかげさまで大丈夫です」と言ってくれればいいんで…。

でも、**本当は大事なのは、「言われたことをやろうとするんだけれども、できない自分がいる、どうしたらいいですか?」ということが大事なんです。**

そこで逃げないで向き合った人たちだけが、苦難を解決して結果的に人間的に成長するっていうことなんです。それで、言われたことをやろうとするんだけどできないやって、「できないからしょうがないや」で終わっている人が多いんです。

もったいないですよね。**できないことに向かい合えたっていう、このラッキーさに気づいていない**んだろうな。それを乗り越えるから成長するわけで…。

2、信じれないから苦しい

釣部：「価値ある目標」という語句は、深いなと思っています。でも、それが見つからない。言葉を変えると「使命」とか、「真使命」とか、「ビジョン」といろいろな言い方がグループというか、勉強によってあると思うんですけど、たぶん同じことかなと思うんです。

「人事尽くして天命を待つ」という言葉で、「人事」に出会えないって言われたんです。人事に出会えたらすごいでしょう。あとは努力で天命を待つけど、人事に出会えないんだよ。何やっていいのかわかんない。常に「これでいいのかな？」、「これでいいのかな？」と悩んで一生終わる人のほうが多いんだよって言われて、「**苦しくたって人事に出会えたらラッキーだろ！**」と師匠に言われて…。そうなんだって初めてそのとき思って、それがすごい僕は嫌な苦難だったんですけど。でも20年経つとそれが逆にプラスになって、こういうのをつくろうと思うモティベーションにも自分はなったので、そう思うと良かったのかなとは思うんですけど…。

行者さんっていうのかな。お魚を素手で獲る。獲らなくちゃいけない人がいて、「食べたい！」というエゴがあると逃げるんですよ。獲れないんですって。「どうせ、獲れねえよ」と思うと絶対獲れないんです。無の境地でいったときにビューって魚が獲れるんですって。それを焼いて食べるっていう、そういう修行というか、そういうのがあるって聞いて。

梅基：でも、セールスもまさにそうですね。

釣部：「取りたい！」って思ったら取れないし、「どうせ、無理だよ！」と思ったら取れるわけもないし、でも今日のご飯がこの魚っていう、さらに家族のご飯だとかね、自分じゃなくて。「家族のご飯だ、獲らなくちゃー」って思うと…。

だからたまにドキュメンタリーか何かで、ライオンとか何かが獲物を獲る狩りのシーンがあって、これで子どもたちは飢えていますとかって、結構ライオンもガリガリだったり、ああいう世界なんだなと思って…。

梅基：そうですね。ですから、本当にセールスっていうのは裏腹というか、売らなきゃ食っていけないって現実はあるんですけど、**「売らなきゃ！」という思いがあると売れない。**ここが難しいんですね、新人の頃。

そうはいったって、この人買ってくれなかったら俺たち食っていけないっていう現実と、その頭があったら絶対売れないっていう現実と、ここのせめぎ合いが新人って必ずあるんです。

釣部：完全コミッションなんですか？

梅基：そうなんです。ですから、売れなかったら収入ゼロって世界なので…。

釣部：ゼロなんですか！　そういう月もあったりしたわけですよね？　若いとき。

梅基：若いとき未だにゼロはなかったです。でもコロナで。

釣部：会えない？

工藤：会えないよね。

梅基：100%動かなかったので。初めてゼロになりました。

釣部：そのせめぎ合いはどう超えるんですか？

梅基：そこはアファーメーション、言い聞かせて。もう繰り返し自分に言い聞かせるしかないですね。ですから、新人の人はたぶんそれが一番悩みだと思う。売りたいと思えば売れないし、売れろうと思うとろ食ってけないっていう

> **あなたをプロにしてあげたい！**
>
> ■プロとは何か？
>
> 1、プロは、誰よりも豊富な知識を持つ。しかも、それは与えられたものではなく、自分の努力で獲得したものである。
>
> 2、プロは、何よりその仕事が大好きである。しかし、好きになるが故に、苦しみも倍加する。プロは、その苦しみを乗り越え、向上し続けることに限りない生き甲斐を感じている。
>
> 3、プロとは、言い訳をしない人である。言い訳とは、責任を自分以外の原因に転換させることだ。
>
> 4、プロとは、障害を認めない人である。従ってどのような障害があっても、求める必要な結果を必ず達成する。
>
> 5、プロとは、いかなる時にも、決して弱味を見せない人である。
>
> 6、プロとは、決断力が速く、チャンスを決して逃さない人である。
>
> 7、プロとは、どのように仕事をしたかではなく、どのような仕事をしたかによって、評価される。
>
> 8、プロは、最終的に数字で評価され、経済的報酬で差がつく。
>
> 9、プロとは、どこへ行っても銭の取れる実力のある人を言う。
>
> 10、プロとは、常に現状における自己否定を繰り返し、自己革新を続ける人である。従って、二週間経って何の変化もなければ、すでにプロではない。

思考とのそのせめぎ合いっていうんですかね。そこを区分けする習慣をつくるのが、最初の頃は苦労しているんじゃないかなと思いますね。

釣部：まず前提に商品というか、ＳＭＩに惚れてないと無理ですよね。

梅基：そうです。

釣部：信じられないと。

梅基：先ほどリクルートの話がありましたけど、１００％ＳＭＩ使っている純粋に始めた人以

あなたをプロにしてあげたい！

■アマの領域とは

11、アマは、マイナスが来るとそれに輪を掛けて、さらにマイナスにしてしまう。マイナスをプラスに変えることのできる人を、プロと言う。

12、アマの領域では、どんなに上手にできても、それは単なる模倣過ぎない。独創性が無ければプロとは言えない。

13、アマは、他人の批評に左右される。プロは他人の意見を聴くが、自分で価値判断を下す。

14、アマは、これがあるからできないと思う。プロは、これさえ解決すればできると考える。

15、アマは、変化がきた時、ダメだと思う。プロは、変化がきた時、チャンスだと捉える

16、アマは、いつもやり直しが効くと思う。プロは、いつもこれが最後だという一期一会の精神で臨む。

17、アマは、見逃す事が多いが、プロは、何をやってもみな仕事に結びつけて考える

18、アマは、自分ができるだけで満足する。しかし、人に教えることができてこそ、プロと言える。

19、アマは途中で諦め、投げ出す。プロは諦め知らず、最後まで食い付いて離れない。

20、アマは、仕事以外に生き甲斐を持つ人。プロは、仕事そのものに生き甲斐を持つ人。

外リクルートしないというのが、これ決め事なんですね。ですから、これで収入を得ていこうっていうお金ありきのセールスなんかは一切採用しない。

釣部：じゃあ、これを受けた方がいて、何人かあってその中でこの人これを専門になったらいいなと思う方を声かけて、「うちのセールスマンなりませんか？　完全コミッションですよ」といって引っこ抜くというか？

梅基：そうですね。一番いいリクルートの候補っていうのは、本当は工藤さんのような方。つまり純粋に紹介をたくさんしてくださる方って動機が純粋ですので、この仕事やっても…。

あなたをプロにしてあげたい！

■プロの哲学とは

21、プロは、ひたすら飽くことを知らず基本法則を繰り返す。創造とは、繰り返しの中から生まれることを知っているからだ。
22、プロは、マンネリの克服法を知っている。マンネリは、自分で脱するより他に方法が無いことを、そして、マンネリは自分に対する甘えから生まれることを知っている。
23、プロは、もうこれで良いと言う限界を知らない。なぜならプロは、見果てぬ夢追い続けるロマンチストだから。
24、プロは、どんな些細な事にも、常に全力を奮って立ち向かう。
25、プロは、最大の敵が自分自身であることを知っている
26、プロに慣れは無い。常に初心である。初心を忘れ驕る時、堕落が始まる。
27、プロは常に、勘を磨き続ける。
28、プロは、理論武装を怠らない。
29、プロには休息が無い。しかし、ゆとりは充分にある。
30、プロは孤独である。誰の教えも期待しない。

そもそも紹介料は一切出したことないですよ。

でも、それでもいっぱい紹介してくれる。心が純粋で、これいいからっていう人は、この仕事就いたときに、その心があるので普通にうまくいくと思います。すごくいっぱい紹介してくれるお客さんをリクルートすると、セールスにとって大切な紹介者が一人減ることになるので、**普通の人は「そんな紹介者をリクルートしたら自分が損するんじゃないですか？」という思考があるんですけれども、実**

あなたをプロにしてあげたい！

■プロの条件とは

31、本物のプロになりたいと思う誰よりも、強い執念を持つこと。

32、人よりも、多くの時間を仕事のために使え。時間は、誰でも同じようにあたえられている平等な、そして最も貴重な、お金では買えない資源である。

33、説得力を身に付けよ。説得の第一歩は、他人の話を真剣に、一生懸命に聴くことから始まる。

34、毎朝、新聞をよく読め。そこには、プロとして必要な９９％の知識と話題がそして、考えるヒントがいっぱいある。

35、誰よりも豊富な情報を、自分の力で集めよ。アンテナが高くなくては、情報が入ってこない。

36、悩むより、先ず、体を動かせ。じっとしていては妄想ばかりで、知恵も出てこない。

37、身銭を切れ。自分の向上するためには、惜しみなく投資せよ。形あるものはいつかなくは無くなるが、身についた知恵はいつまでも残る。

38、具体的な目標人物を、身近な所で発見せよ。そして、その人に追いつき、追い越す努力をせよ。追い越したら、更により高い目標人物を目指せ。

39、その専門分野について、プロは、より多くの事例を持つ。少なくとも一つのテーマについて、２００以上の事例を集めよ。

40、少なくとも、プロになろうと思うなら、三年間は全力投球してみよ。それまでは、一分間たりともわき見をするな。

際はそういう人をリクルートすると、もっとすごく紹介するような人が不思議と現れるといいう法則がありましてね。それはあります。

工藤：倫理体験ですね、本当にね。

釣部：そうなんですか?!

梅基：そうなんです。自分がこの人に売ったら、いっぱい自分が収入増えるって僕らは思うんで、そういう人をリクルートしたほうがいいですよと言う。なんで、そうすると普通の人は、「そんないい人をリクルートしたら自分が困りませんか？」という話になるんですけど、不思議とそれはもっとそういう人が現れるっていうのを僕ら信じているので、そういう人がいたら、「一緒にやりましょう！」という感じですね。

釣部：その信じる、これにも「信じる」とありますよね。「信じられない」、「信じる」とあるんですけど、僕なんか正直「信じられたらいいよ」と思うんですよ。**「信じれないから苦しいんだよ」**みたいなふうに思っちゃうんですけど、それはやっぱりそれこそモティベーションっていうか言葉を変えるんですか？

梅基：そうですね。「決める」ことですね。**信じると決める。**ＳＭＩのセールスって、工藤さんも当時アリコジャパン入ったとき、すべて新人ってこれから先なんで、どんだけいいかっていうと、まだ体感としては信じられるレベルって低いんですけれども、新人でもできることは、ＳＭＩがいいって決めることは１００％自分でコントロールできるもので、これはいいものだっていうのを「決める」というのができれば、そこから先へ進めます。

釣部：崖から飛び降りるみたいな…。

梅基：そうですね。

釣部：「ちゃんとセーフティーマットあるよ」と。大丈夫よといっても飛び込む人と、飛び込めない人と。工藤さん飛び込んだ感覚もあるんですか？

工藤：うーん。なんか変わることへの恐怖に負ける自分が嫌みたいな。だって、**変わりたくない人っていうのは、今いるポジションが、大したポジションじゃない**と思う。だけれども、とりあえずは生きていられるじゃない。でも、変わろうとすると、すごくいい思いできるかもしれないけど、生きられないかもしれないじゃない。

今、満たされてなくても生きているじゃない。だから、たぶん生命を保存したいっていう本能みたいなのがあって、**一歩が踏み出せない人ってすごく多いと思う**んです。だけど、「変わるんだ！」とまさに「決める」。決めたから現実が起きるっていうのがすごく大事です。

僕がよく倫理で言っている「栞」の１０５ページの後ろから2行目ね。「**決心とは今までなかったことを、こうしようと信念を定めること**」と書いてあるでしょう。だから、**今までなかったことをこうしようと決めるのが決心**なんだよって…。

誰かができちゃったこととか、自分が過去に成功体験があることを二度目やるんであれば、それは決心というほどのことじゃないでしょう。決心というのは、腹括るっていうのは、決めるっていうことは、今までなかったことだから決めなきゃできないんです。

だから、今までなかったことを決めるということをしない自分って、なんか弱虫みたいな感じがして、それは僕は嫌でしたね。だから、変わるんだと決めて証券会社も辞めて、さらに言うと保険業も辞めちゃったからね。

結構世間で僕何者だって思っている人結構多いと思うんですけど、音楽事務所やって哲学の塾やっていて、昔保険売っていた証券マン？で、体育会出身？全部が繋

がらないじゃないですか、一つひとつが。意味がわからないってみんなに言われるんだけれど…。

で、マンゴ畑やってみたり、ジュエリー売ってみたり、何やっているかみんなよくわかんないって言うんだけど、「いや、俺だってわかんないよ！」というのが本当のとこなんだけど、そのときにやろうと思った自分がいるわけです。

で、やろうと思ってやってみた自分がいるわけです。やってみた結果、良かったこともあれば悪かったこともあって、だからやってみるってことが大事で、**今までなかったことをこうしようと信念を定めた結果、どうなるかは全部自分の問題なんで、決めるのは自分だと決めているだけで、人にああせいこうせいって言われて決めるもんじゃないなって思っています。**

参考意見としては聞くことはあるけれども、だって、誰かが「それやめときな」とか、「それやんな」と、言われたとおりやめる？　言われたとおりやってみる？　責任取ってくれるんですか？　絶対責任取ってくんないですよね。

「やめとけ！」と言った人で、うまくいかなかったら、「ほら見ろ！　あのとき俺やめとけっていったじゃねえか！」と言いたいだけなんですよ。「やめとけ！」と言ってやめて、平凡な人生になって「どうしてくれるんだ！」となったとき、「それは俺のせいじゃねえだろ！」と絶対言いますから、相手。

だから自分で決めて、自分で責任を負ってというのが大事かなって思う。だからこの「信じる」ということにしても、「決める」ということをしないと何もできない。例えば「時間つくる」というのここにあるんだけれども、時間をつくるって自分で決めなかったら時間って絶対できないじゃないですか。

これこっち側にあるのね、全部自分で決めているか、人任せかの違いだと僕思うんですよ。「人任せは僕はごめんだな」と思いましたよね。そういうマインドがある僕が梅基さんと出会ったから、すごくシンパシーが起きたんだろうなっていうのはすごく感じます。

3、決めるのは一瞬

釣部：決めるって一瞬っていいますよね？

梅基：そうですね。

釣部：一晩考えても1時間で決めても答えは一緒だなと思ったっていって1時間で決めるし。

工藤：だから、買ってみます、やってみますだよね。

釣部：モティベーションで「やりました！」とか、「決めました！」とか叫ぶ必要もないというか…。

工藤：それ本当にそうですよ。「やりまーす！」とか言う人、その「やりますっていう強いエネルギーを本当にやるほうに向けたほうがいいよ」って。そこ気合い入れるところじゃないからって。**本当に成し遂げていく人って、傍から見ると結構淡々としている**んですよね。キャーキャー騒がないですよね。

釣部：面白くないですよ、起伏がないので…、淡々と「決めた。やるよ」というのは。「決めたの、お前！」みたいな。「うん」と言ってそれで行動がちょっとずつ変わっていくだけで、「決めました！」と言うほうがへこんだり、「いやー、言うんじゃなかったな…」とか。

工藤：そうやって自分を鼓舞しないとできないんだろうね。鼓舞してもできないんだろうけれども、鼓舞しないともっとできないと思っているのかもね。

釣部：それは決めてないと？

工藤：決めてない。

釣部：それをごまかすために。だから、目標を言うっていうのはそこことは違うわけですよね。もう決めた後に言う。言った後に決めちゃったっていうのも、逃げられなくするっていうのもありますけど、そうじゃなくて本当に決めて、それを言って行動計画に移して順番に。

アタッシュケース

工藤：言っていいのかな？ **僕は実は本当に成し遂げたいことって言わないんです。**だから夢のマスターリストでも人に見せるのは、できてもできなくてもいいやみたいなの書いていて、これは絶対成し遂げることって、今ないなって思っているのかな、SMIのプログラムもそうなのかな、「そんなにいらねえじゃん」ムって

というような大きなアタッシュケースで売ってくれるんですよ。それに僕が買ったときは鍵が付いていた。今も付いている？　あの鍵の意味ってたぶん僕は腹に決めたことってペラペラしゃべることじゃなくて、淡々とやり遂げることだから、鍵があるのかなって勝手に思い込んでいるんですけど、こんな考えでいいんですか？

梅基：そうです。基本、計画書とかは他人に見せないので、見られる可能性のある方は鍵をかけて、その計画書はそこに入れておいてくださいっていう、そのための鍵があるんですね。

工藤：そう。鍵をかける。だから人前で言っちゃう目標って、「なんちゃって！」と思っているから人に言うんだろうなって。「人前で言って引っ込みつかなくしなきゃ、きっと俺やらないだろうな？」と思っているから言うんだろうなって…。

それも一つの手かもしれないけど、**本当に決めたことって人は関係ないんで、自分がやるかどうかなんで、人に見せるもんじゃない**なって。だから、一番いい例が出版だったんです。論語の本書くぞって決めて、10年以上かかったんだけれども、それは誰にも言ってなかったんです。出る段階になったときに、「出すことになりました」と言ったら、親しい人はみんな買ってくれたんだけれども、それだけだったんです。僕それですごく達成感があって、充実感があって、目標達成ってこういうことなのかって…。だから結構時間かかっているんですよ。他にも細かい達成はいっぱいあるんだけれども、「やりまーす！」とか言っている人見ると、「うーん？」って思っちゃう。

釣部：そうですね。有言実行と不言実行って決める深さによってどっちに出るかって全く変わりますよね。僕もボランティア20年ぐらいやっていて、ある親しい人から、「釣さんって、ほんとにほんとのことって絶対しゃべんないね」と言われたんです。

工藤：うーん。

釣部：だから、「うん」って言ったけど、言わない自分が悪いのかなと思っていたんです。

工藤：いえいえ。

釣部：なんだ。そこはいいんだ。どうでもいいとは言いませんけど、三番目ぐらいからは言うんですけど。それでもみんなびっくりしているんですけど…。でも、一番、二番は言ってないです、未だに。たぶん墓まで持ってくんだろうなって。それか、達成したときに「実はそう思っていたよ」と言うかもしれないですけれども。そんなふうに思いました。

もう、時間になってしまったんですけれども、すぐ1時間経ってしまいましたが、梅基さんここまでやってみて一言お願いいたします。

梅基：まだまだお話ししたい仲間ですが、本当に楽しい時間でした。自分の今までの振り返りになったんで、こうやって人前で話すというのはすごく有意義ですね。

ありがとうございます。

釣部：工藤さんお願いします。

工藤：はい。会ったのは結構久しぶりですよね。

梅基：そうです。

工藤：コミュニケーションは取っているんだけど。やっぱり梅基さんいいなと思って。ありがとうございます。

梅基：ありがとうございます。

工藤：ＳＭＩね、プログラムの進め方としては、ちょっとさぼり気味だったんですよ。習慣になっちゃったからいいかなと思ったけど、もう一回聴くっていうことからやり直してみようかなと。思考回路がこうなってきているので、たぶん大筋ではいいんだろうけれども、プログラム聴いてないんですよ、今僕あんまり。ちょっと引っ張り出してきてみて、カセットテープだけどね、昔のだからね。やってみようかなと思いました。今日はこうやって私が日頃懇意にしている皆さんに梅基さんを紹介できて嬉しいです。

僕の恩人なんですよ。本当に恩人なんです。彼と出会ってなかったら、僕今どこで何やっているかわかんない。間違いなく某団体でスーパーバイザーとか絶対になっていない。絶対なっていない。そういう方なんで。ありがとうございます。

釣部：どうもありがとうございました。

SMI の仕事について最初に立てた計画も一瞬で決めました (この計画があったからこそ、30 年やり続ける力が付きました)

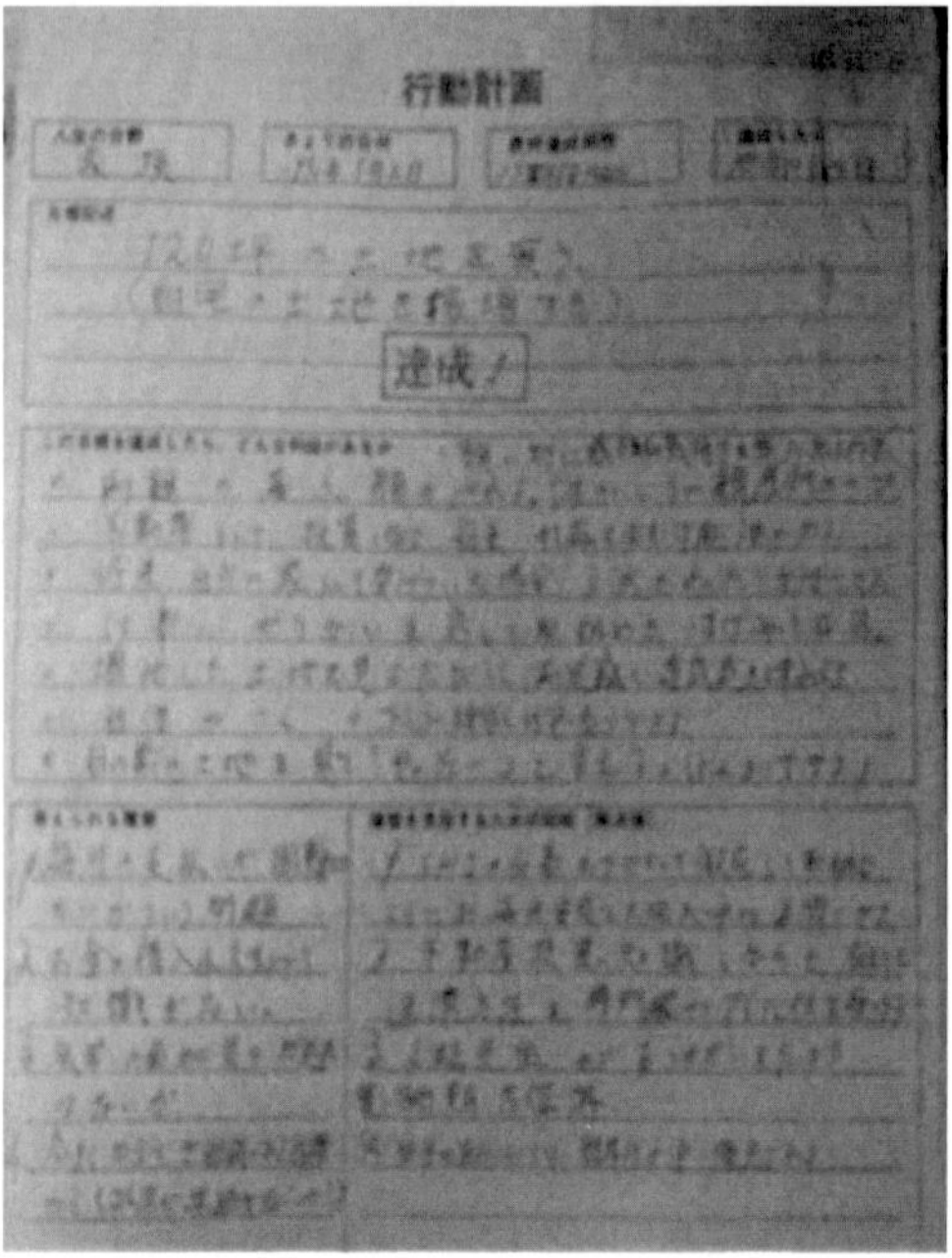
行動計画

達成！

【梅基剛樹プロフィール】
㈱ダイナミックスパースンズ東京 専務取締役
モティベーター一筋30年。
SMIプログラムを販売と実践に生涯を捧げている。

【工藤直彦プロフィール】
音楽事務所 アーティスティックコミュニティ代表、論語、哲学、心理学などを学んでいる。

セールスをしている方へ
自己成長と価値ある目標設定
～ＳＭＩトップセールスマン、梅基剛樹氏が語る！

2020年11月20日　第1刷発行
著　者　梅基 剛樹
　　　　工藤 直彦
発行者　釣部人裕
発行所　万代宝書房
〒176-0012 東京都練馬区豊玉北5丁目24-15-1003
電話 080-3916-9383　FAX 03-6914-5474
ホームページ：http://bandaiho.com/
メール：info@bandaiho.com

印刷・製本　小野高速印刷株式会社

落丁本・乱丁本は小社でお取替え致します。

ISBN　978-4-910064-30-7　C0036

装丁・デザイン／小林 由香

万代宝書房について

みなさんのお仕事・志など、未常識だけど世の中にとって良いもの（こと）はたくさんあります。社会に広く知られるべきことはたくさんあります。社会に残さなくてはいけない思い・実績があります！　それを出版という形で国会図書館に残します！

「万代宝書房」は、「**『人生は宝』、その宝を『人類の宝』まで高め、歴史に残しませんか？**」をキャッチにジャーナリスト釣部人裕が二〇一九年七月に設立した出版社です。

「実語教」（平安時代末期から明治初期にかけて普及していた庶民のための教訓を中心とした初等教科書。江戸時代には寺子屋で使われていたそうです）という千年もの間、読み継がれた道徳の教科書に『富は一生の宝、知恵は万代の宝』という節があり、「お金はその人の一生を豊かにするだけだが、知恵は何世代にも引き継がれ多くの人の共通の宝となる」いう意味からいただきました。

誕生間がない若い出版社ですので、アマゾンと自社サイトでの販売を基本としています。多くの読者と著者の共感をと支援を心よりお願いいたします。

二〇一九年七月八日

万代宝書房